Bibliographic information published by the German National Library:

The German National Library lists this publication in the National Bibliography; detailed bibliographic data are available on the Internet at http://dnb.dnb.de .

Imprint:

Copyright © 2015 GRIN Verlag, Open Publishing GmbH
Print and binding: Books on Demand GmbH, Norderstedt Germany
ISBN: 978-3-668-03271-2

This book at GRIN:

http://www.grin.com/pt/e-book/305132/perseu-de-francis-ritchie-edicao-bilingue-latim-portugues

Vittorio Pastelli

"Perseu" de Francis Ritchie. Edição bilíngue latim-português

GRIN Publishing

"PERSEU", DE FRANCIS RITCHIE

Edição bilíngue latim-português

Traduzida e decupada por
Vittorio Pastelli

Acrísio, um antigo rei de Argos, foi avisado por um oráculo que morreria pelas mãos de seu neto. Assim, quando descobriu que sua filha, Danae, deu à luz um filho, Acrísio procurou se livrar de seu destino jogando mãe e filho ao mar. No entanto, eles foram salvos, com o auxílio de Júpiter, e Perseu, a criança, cresceu na corte de Polidecto, rei de Sérifos, uma ilha do mar Egeu. Chegando à idade adulta, Perseu foi mandado por Polidecto conseguir a cabeça da Medusa, uma das Górgonas. Essa tarefa perigosa foi executada por ele via o auxílio de Apolo e Minerva e, no caminho de volta para casa, ele ainda salvou de um monstro marinho Andrômeda, filha de Cefeu. Perseu então casou-se com Andrômeda e viveu por algum tempo nas terras de Cefeu. Depois, retornou a Sérifos e transformou Polidecto em pedra ao lhe mostrar a cabeça da Górgona. Seguiu então para a corte de Acrísio, que apavorado pela notícia da chegada do neto, fugiu. O oráculo foi enfim satisfeito: Acrísio foi acidentalmente morto por um disco lançada por Perseu.

As "Fábulas Fáceis" de Francis Ritchie foram compostas no século 19, destinadas a alunos que já detinham o básico da língua latina, mas ainda não se aventuravam na leitura de César. Aqui, publicamos "Perseu", a primeira e mais fácil delas. A ideia da exposição, em colunas paralelas, mantendo tanto quanto possível a ordem do texto latino, foi tirada da edição de Blanadet (Hachette, 1860) da obra "De Viris Illustribus Urbis Romae", de Charles François L'Homond.

1. A Arca

Haec narrantur	São essas (as coisas) narradas
a poetis de Perseo.	pelos poetas sobre Perseu.
Perseus filius erat Iovis,	Perseu era filho de Júpiter,
maximi deorum;	o maior entre os deuses;
avus eius Acrisius appellabatur.	seu avô era chamado Acrísio.
Acrisius volebat Perseum	Acrísio queria Perseu,
nepotem suum necare;	seu neto, matar;
nam propter oraculum	pois, devido a um oráculo,
puerum timebat.	temia o menino.
Comprehendit igitur Perseum	Pegou então Perseu
adhuc infantem,	ainda bebê,
et cum matre	e com a mãe
in arca lignea inclusit.	em uma arca de madeira fechou.
Tum arcam ipsam	Então, a própria arca
in mare coniecit.	ao mar lançou.
Danae, Persei mater,	Danae, mãe de Perseu,
magnopere territa est;	extremamente terrificada ficou;
tempestas enim magna	uma tempestade de fato grande
mare turbabat.	perturbava o mar.
Perseus autem	Perseu, por outro lado,
in sinu matris dormiebat.	no colo da mãe dormia.

2. Júpiter salva seu filho

Juppiter tamen haec omnia vidit,	Júpiter, no entanto, viu tudo isso
et filium suum	e seu filho
servare constituit.	proteger resolveu.
Tranquillum igitur	Tranquilo então
fecit mare,	fez-se o mar,
et arcam ad insulam Seriphum	e a arca, à ilha de Sérifos
perduxit.	guiou.
Huius insulae	Dessa ilha
Polydectes tum rex erat.	Polidecto era então rei.
Postquam arca ad litus	Depois de a arca ao litoral
appulsa est,	ser lançada,
Danae in harena	Danae na areia
quietem capiebat.	contemplava o silêncio.
Post breve tempus	Depois de um breve período,
a piscatore quodam	por um certo pescador
reperta est,	foi percebida,
et ad domum regis Polydectis	e à casa do rei Polidecto
adducta est.	foi conduzida.
Ille matrem et puerum	Ele, mãe e menino
benigne excepit,	recebeu bem,
et iis sedem tutam	e a eles uma casa segura
in finibus suis dedit.	na sua vizinhança deu.
Danae hoc donum	Danae tal presente
libenter accepit,	de boa vontade recebeu
et pro tanto beneficio	e devido a tanto benefício
regi gratias egit.	deu graças ao rei.

3. Perseu é enviado para suas viagens

Perseus igitur	Perseu portanto
multos annos ibi habitabat,	por muitos anos aí morava,
et cum matre sua	e com sua mãe
vitam beatam agebat.	uma vida feliz levava.
At Polydectes	Mas Polidecto
Danaen magnopere amabat,	amava demais Danae
atque eam in matrimonium	e mesmo em matrimônio
ducere volebat.	desejava conduzi-la.
Hoc tamen consilium Perseo	Mas essa decisão, para Perseu,
minime gratum erat.	pouquíssimo grata era.
Polydectes igitur Perseum	Polidecto, então, de Perseu
dimittere constituit.	resolveu livrar-se.
Tum iuvenem ad se vocavit	Assim, chamou a si o jovem
et haec dixit:	e isso disse:
"Turpe est hanc ignavam vitam agere;	"Torpe é levar essa vida preguiçosa;
iam dudum tu adulescens es.	já há algum tempo és um adolescente.
Quo usque hic manebis?	Até quando permanecerás aqui?
Tempus est arma capere	Tempo é de tomar das armas
et virtutem praestare.	e mostrar coragem.
Hinc abi	Vai-te daqui
et caput Medusae mihi refer".	e a cabeça da Medusa traz para mim".

4. Perseu recebe seus apetrechos

Perseus ubi haec audivit,	Perseu, quando isso ouviu,
ex insula discessit,	abandonou a ilha
et postquam ad continentem venit,	e, depois de chegar ao continente,
Medusam quaesivit.	Procurou a Medusa.
Diu frustra quaerebat;	Por muito tempo, em vão procurava,
namque naturam loci ignorabat.	já que a natureza do local desconhecia.
Tandem Apollo et Minerva	Enfim, Apolo e Minerva
viam demonstraverunt.	o caminho mostraram.
Primum ad Graeas,	Primeiro das Greias,
sorores Medusae, pervenit.	irmãs da Medusa, aproximou-se.
Ab his talaria et	Suas sandálias e
galeam magicam accepit.	elmo mágicos vestiu.
Apollo autem et Minerva	Ainda, Apolo e Minerva
falcem et speculum dederunt.	deram(-lhe) uma foice e um espelho.
Tum postquam talaria	Assim, depois de as sandálias
pedibus induit,	nos pés vestir,
in aera ascendit.	ao ar ascendeu.
Diu	Por muito tempo
per aera volabat;	ficou voando pelos ares;
tandem tamen ad eum locum venit	mas finalmente ao lugar chegou
ubi Medusa cum ceteris Gorgonibus	onde a Medusa com outras Górgonas
habitabat. Gorgones autem	morava. As Górgonas por seu lado
monstra erant specie horribili;	eram monstros de rosto horrível;
capita enim earum anguibus	de fato, as cabeças delas por serpentes
omnino contecta erant.	completamente cobertas eram.
Manus etiam ex aere factae erant.	Mesmo as mãos, de bronze eram feitas.

5. A cabeça da Górgona

Res difficillima erat	Coisa dificílima era
caput Gorgonis abscidere;	a cabeça das Górgonas decepar;
eius enim conspectu	pois a própria visão delas
homines in saxum vertebantur.	os homens em pedra transformava.
Propter hanc causam	Devido a isso,
Minerva speculum	Minerva um espelho
Perseo dederat.	dera a Perseu.
Ille igitur tergum vertit,	Ele então virou as costas
et in speculum inspiciebat;	e no espelho ficou examinando;
hoc modo ad locum venit	desse movo ao local chegou
ubi Medusa dormiebat.	onde a Medusa dormia.
Tum falce sua	Então com sua foice
caput eius uno ictu	a cabeça dela de um só golpe
abscidit.	decepou.
Ceterae Gorgones statim	As outras Górgonas imediatamente
e somno excitatae sunt,	do sono foram retiradas,
et ubi rem viderunt,	e quando a coisa viram
ira commotae sunt.	pela ira foram movidas.
Arma rapuerunt,	Armas tomaram
et Perseum occidere volebant.	e Perseu matar queriam.
Ille autem dum fugit,	Ele enquanto isso fugiu
galeam magicam induit;	e o elmo mágico vestiu;
et ubi hoc fecit,	e quando isso fez,
statim e conspectu earum evasit.	imediatamente da vista delas escapou.

6. A serpente marinha

Post haec Perseus	Depois disso, Perseu
in finis Aethiopum venit.	foi à terra da Etiópia.
Ibi Cepheus quidam	Lá, um certo Cefeu
illo tempore regnabat.	naquele tempo reinava.
Hic Neptunum, maris deum,	Ele (Cefeu), Netuno, deus do mar,
olim offenderat;	certa vez ofendera;
Neptunus autem	Netuno, por seu lado,
monstrum saevissimum miserat.	um monstro crudelíssimo mandou.
Hoc cottidie e mari veniebat	Este frequentemente saía do mar
et homines devorabat.	e homens devorava.
Ob hanc causam pavor	Por esse motivo, o pavor
animos omnium occupaverat.	a alma de todos ocupara.
Cepheus igitur oraculum	Cefeu então o oráculo
dei Hammonis consuluit,	do deus Hamon consultou
atque a deo iussus est	e pelo deus ordenado foi
filiam monstro tradere.	que a filha ao monstro levasse.
Eius autem filia,	Mas sua filha,
nomine Andromeda,	de nome Andrômeda,
virgo formosissima erat.	virgem formosíssima era.
Cepheus ubi haec audivit,	Cefeu, quando isso ouviu,
magnum dolorem percepit.	grande dor sentiu.
Volebat tamen civis suos	Queria porém seus concidadãos
e tanto periculo extrahere,	de tanto perigo afastar,
atque ob eam causam	e por esse motivo
imperata Hammonis	a ordem de Hamon
facere constituit.	resolveu cumprir.

7. Um sacrifício humano

Tum rex diem certam dixit	Então o rei a data certa determinou
et omnia paravit.	e tudo preparou.
Ubi ea dies venit,	Quando esse dia chegou,
Andromeda ad litus	Andrômeda à praia
deducta est,	foi levada,
et in conspectu omnium	e à vista de todos
ad rupem adligata est.	a uma rocha foi atada.
Omnes fatum eius deplorabant,	Todos o destino dela deploravam,
nec lacrimas tenebant.	e lágrimas tinham.
At subito, dum monstrum exspectant,	Súbito, enquanto o monstro esperam,
Perseus accurrit;	Perseu acorre;
et ubi lacrimas vidit,	e quando lágrimas vê
causam doloris quaerit.	pela causa da dor indaga.
Illi rem totam exponunt	Eles expõem toda a coisa
et puellam demonstrant.	e apontam para a garota.
Dum haec geruntur,	Enquanto isso era feito,
fremitus terribilis auditur;	um clamor terrível foi ouvido;
simul	no mesmo instante,
monstrum horribili specie	um monstro de rosto horrível
procul conspicitur.	foi visto bem perto.
Eius conspectus	A aparência dele
timorem maximum	temor extremo
omnibus iniecit.	instilava em todos.
Monstrum magna celeritate	O monstro, com a máxima rapidez
ad litus contendit,	à rocha correu,
iamque ad locum appropinquabat	e já do lugar se aproximava
ubi puella stabat.	onde a moça estava.

8. O salvamento

At Perseus ubi haec vidit,	Mas Perseu, quando isso viu,
gladium suum eduxit,	sua espada empunhou,
et postquam talaria induit,	e depois de as sandálias calçar
in aera sublatus est.	no ar elevou-se.
Tum desuper	Então, a partir do alto
in monstrum	o monstro
impetum subito fecit,	imediatamente golpeou
et gladio suo collum eius	e com sua espada o pescoço dele
graviter vulneravit.	seriamente feriu.
Monstrum ubi sensit vulnus,	O monstro, quando sentiu a ferida,
fremitum horribilem edidit,	um clamor horrível emitiu,
et sine mora	e sem demora
totum corpus in aquam mersit.	todo o corpo na água imergiu.
Perseus dum circum litus volat,	Perseu então em torno da praia voa,
reditum eius exspectabat.	o retorno dele esperando.
Mare autem interea	Já o mar entretanto
undique sanguine inficitur.	por todo lado de sangue foi manchado.
Post breve tempus	Depois de um breve intervalo
belua rursus caput sustulit;	a besta novamente a cabeça ergueu;
mox tamen	mas em seguida
a Perseo ictu	por um golpe de Perseu
graviore vulnerata est.	mais gravemente foi ferida.
Tum iterum se in undas mersit,	Então de novo se afundou nas ondas
neque postea visa est.	e depois não foi vista.

9. Um prêmio de valor

Perseus postquam	Perseu em seguida
ad litus descendit,	desceu à praia,
primum talaria exuit;	e primeiro tirou as sandálias;
tum ad rupem venit	então à rocha veio
ubi Andromeda vincta erat.	onde Andrômeda presa estava.
Ea autem	Ela no entanto
omnem spem salutis	toda esperança de salvação
deposuerat,	tinha deixado de lado,
et ubi Perseus adiit,	e quando Perseu chegou
terrore paene exanimata erat.	pelo terror quase exânime estava.
Ille vincula statim solvit,	Ele as correntes imediatamente cortou
et puellam patri reddidit.	e a menina ao pai encaminhou.
Cepheus ob hanc rem	Cefeu, por causa disso,
maximo gaudio adfectus est.	de grande alegria foi tomado.
Meritam gratiam pro tanto beneficio	Devida gratidão por tanto bem-feito
Perseo rettulit;	a Perseu ofereceu;
praeterea Andromedam ipsam	e além disso a própria Andrômeda
ei in matrimonium dedit.	a ele em matrimônio deu.
Ille libenter	Ele, de bom grado
hoc donum accepit	aceitou esse presente
et puellam duxit.	e a moça levou.
Paucos annos cum uxore sua	Poucos anos com sua mulher
in ea regione habitabat,	naquela região habitava
et in magno honore erat	e em grande conta era tido
apud omnis Aethiopes.	entre todos os etíopes.
Magnopere tamen matrem suam	Mas muitíssimo sua mãe
rursus videre cupiebat.	de volta ver desejava.
Tandem igitur cum uxore sua	Finalmente então, com sua mulher
e regno Cephei discessit.	do reino de Cefeu partiu.

10. Polidecto se transforma em pedra

Postquam Perseus ad insulam	Depois, Perseu, em direção à ilha
navem appulit,	o navio apontou,
se ad locum contulit	para dirigir-se ao lugar
ubi mater olim habitaverat,	onde sua mãe uma vez habitara,
sed domum invenit vacuam	mas a casa encontrou vazia
et omnino desertam.	e completamente deserta.
Tris dies per totam insulam	Três dias, por toda a ilha
matrem quaerebat;	sua mãe esteve buscando;
tandem quarto die	e enfim, no quarto dia,
ad templum Dianae pervenit.	ao templo de Diana se dirigiu.
Huc Danae refugerat,	Para esse lugar Danae se refugiara
quod Polydectem timebat.	pois Polidecto temia.
Perseus ubi haec cognovit,	Perseu, quando isso soube,
ira magna commotus est;	por uma grande ira foi tomado;
ad regiam Polydectis	ao palácio de Polidecto
sine mora contendit,	sem demora se dirigiu,
et ubi eo venit,	e quando a ele chegou,
statim in atrium inrupit.	imediatamente irrompeu no átrio.
Polydectes magno timore	Polidecto de grande temor
adfectus est et fugere volebat.	foi tomado e fugir queria.
Dum tamen ille fugit,	Mas no momento em que fugiu
Perseus caput Medusae monstravit;	Perseu a cabeça da Medusa mostrou;
ille autem simul atque hoc vidit,	ele, por seu lado, assim que isso viu,
in saxum versus est.	em pedra transformou-se.

11. O oráculo é cumprido

Post haec	Depois disso,
Perseus cum uxore sua	Perseu com sua esposa
ad urbem Acrisi rediit.	à cidade de Acrísio retornou.
Ille autem ubi Perseum vidit,	Mas ele, quando Perseu viu,
magno terrore adfectus est;	de grande terror foi tomado;
nam propter oraculum	pois, dado o oráculo,
istud nepotem suum adhuc timebat.	esse seu neto ainda temia.
In Thessaliam igitur	Na Tessália, então,
ad urbem Larisam statim refugit,	para a cidade de Larissa fugiu;
frustra tamen;	mas inutilmente;
neque enim fatum suum vitavit.	pois nem assim seu destino evitou.
Post paucos annos	Depois de poucos anos
rex Larisae	o rei de Larissa
ludos magnos fecit;	promoveu grandes jogos;
nuntios in omnis partis dimiserat	núncios para toda parte despachou
et diem edixerat.	e a data fixou.
Multi ex omnibus urbibus Graeciae	Muitos de todas as cidades da Grécia
ad ludos convenerunt.	aos jogos compareceram.
Ipse Perseus inter alios	O próprio Perseu entre outros
certamen discorum iniit.	à disputa de lançamento de discos foi.
At dum discum conicit,	Mas quando o disco lança
avum suum casu occidit;	seu avô por acaso mata;
Acrisius enim inter spectatores	Pois Acrísio, entre os espectadores
eius certaminis forte stabat.	desse certame por acaso estava.

2015
Para sugerir correções: vittoriopastelli(at)gmail(dot)com